Zhongguo Wenhua
Zhishi Duben

中国文化知识读本

六和塔

主编 金开诚

编著 曲海峰

吉林出版集团有限责任公司

吉林文史出版社

图书在版编目（CIP）数据

六和塔 / 曲海峰编著 .—长春：吉林出版集团有
限责任公司：吉林文史出版社，2009.12（2022.1 重印）
（中国文化知识读本）
ISBN 978-7-5463-1274-3

Ⅰ.①六… Ⅱ.①曲… Ⅲ.①塔－古建筑－简介－杭
州市 Ⅳ.① K928.75

中国版本图书馆 CIP 数据核字（2009）第 223027 号

六和塔

LIU HE TA

主编／ 金开诚 　编著／曲海峰

责任编辑／曹恒　崔博华　责任校对／刘姝君

装帧设计／曹恒　摄影／姜峰　图片整理／王贝尔

出版发行／吉林文史出版社　吉林出版集团有限责任公司

地址／长春市人民大街4646号　邮编/130021

电话/0431-86037503　传真/0431-86037589

印刷/三河市金兆印刷装订有限公司

版次／2009 年 12 月第 1 版　2022 年 1 月第 3 次印刷

开本／650mm×960mm　1/16

印张／8　字数／30千

书号／ISBN 978-7-5463-1274-3

定价／34.80元

关于《中国文化知识读本》

　　文化是一种社会现象，是人类物质文明和精神文明有机融合的产物；同时又是一种历史现象，是社会的历史沉积。当今世界，随着经济全球化进程的加快，人们也越来越重视本民族的文化。我们只有加强对本民族文化的继承和创新，才能更好地弘扬民族精神，增强民族凝聚力。历史经验告诉我们，任何一个民族要想屹立于世界民族之林，必须具有自尊、自信、自强的民族意识。文化是维系一个民族生存和发展的强大动力。一个民族的存在依赖文化，文化的解体就是一个民族的消亡。

　　随着我国综合国力的日益强大，广人民众对重塑民族白尊心和自豪感的愿望日益迫切。作为民族大家庭中的一员，将源远流长、博大精深的中国文化继承并传播给广大群众，特别是青年一代，是我们出版人义不容辞的责任。

　　《中国文化知识读本》是由吉林出版集团有限责任公司和吉林文史出版社组织国内知名专家学者编写的一套旨在传播中华五千年优秀传统文化，提高全民文化修养的大型知识读本。该书在深入挖掘和整理中华优秀传统文化成果的同时，结合社会发展，注入了时代精神。书中优美生动的文字、简明通俗的语言、图文并茂的形式，把中国文化中的物态文化、制度文化、行为文化、精神文化等知识要点全面展示给读者。点点滴滴的文化知识仿佛繁星，组成了灿烂辉煌的中国文化的天穹。

　　希望本书能为弘扬中华五千年优秀传统文化、增强各民族团结、构建社会主义和谐社会尽一份绵薄之力，也坚信我们的中华民族一定能够早日实现伟大复兴！

目录

一　浮屠西来　华夏生根

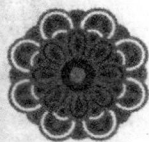

古老的塔寺

塔是一种外来建筑，但自传入后逐渐与我们的文化相融合，并对我们的生活产生了重要影响。中国的塔在发展过程中，除了保存有佛教赋予的意义外，还逐步与风水文化相结合，经常建其镇山、镇水、镇邪、点缀河山、显示教化等。

（一）塔的含义

塔是一种传统的东方风格的建筑，源于印度，称作窣堵波，多为五层七级，也有高至十三级的，是一种供奉或收藏佛舍利（佛骨）、佛像、佛经、僧人遗体等的高耸型点式建筑，随着佛教在东方的传播，窣堵波这种建筑形式也在东方广泛扩散，在中国又称"佛塔""宝塔"，在传播过程中又和古典的楼阁台榭结合起来，所谓的"垂铜盘九重，下为重楼阁道"，即在多层的楼阁顶加上一个有九层相轮的塔刹。

在中国佛教徒那里，佛塔和浮图多是通用之义。浮图，又作浮头、浮屠、佛图，一般有两种理解：旧译家以为佛陀之转音。《广弘明集二》曰："浮图，或言佛陀，声明转也，译云净觉。灭秽成觉，为圣悟也。"《南山戒疏一上》曰："言佛者，梵云佛陀，或言浮陀、佛驮、步陀、浮图、浮头，盖传音之讹耳。此无其人，以义翻之名为觉。"《秘藏记本》曰："浮图，佛也，新人曰物他也，古人曰浮图也。"新译家以为窣堵波（即塔）

北海公园白塔

浮屠西来 华夏生根

003

之转音。《智度论十六》曰："诸聚落佛图精舍等。"《西域记一》曰："窣堵波，即旧所谓浮图也。"《瑜伽伦记十一上》曰："窣堵波者，此云供养处，旧云浮图者，音讹也。"梵语杂名曰：'浮图，素睹波，塔，制怛里。'在中国采用后一层意思，认为是梵文音译的较多。

中国民间流传"救人一命，胜造七级浮屠"之语，意在鼓励人们通过救助他人的方式来积累功德。这句话的记载最早见于《增广贤文》，该书成书不晚于明朝万历年间，主要讲人生哲学、处世之道。其中有一句"救人一命，胜造七级浮屠。城

天宁寺天宁宝塔

六和塔

《增广贤文》

门失火，殃及池鱼"。据查证明代冯梦龙《醒世恒言》第十卷《刘小官雌雄兄弟》亦有记载："刘公道：'官人差矣！不忍之心，人皆有之。救人一命，胜造七级浮屠。若说报答，就是为利了，岂是老汉的本念！'"但是《增广贤文》的书名最早见之于明代万历年间的戏曲《牡丹亭》，而《牡丹亭》创作于1598年。《醒世恒言》出版于天启七年（1627年），从成书时间来看，《增广贤文》早于《醒世恒言》。所以说"救人一命，胜造七级浮屠"这段话最早记载应该是在《增广贤文》里。

（二）塔的种类

中国现存塔 2000 多座。塔的种类非常多，以样式来区别，有覆钵式塔、龛塔、柱塔、雁塔、露塔、屋塔、无壁塔、喇嘛塔、三十七重塔、十七重塔、十五重塔、十三重塔、九重塔、七重塔、五重塔、三重塔、方塔、圆塔、六角形塔、八角形塔、大塔、多宝塔、瑜只塔、宝箧印塔、五轮塔、卵塔、无缝塔、楼阁式塔、密檐塔、金刚宝座塔、墓塔、板塔、角塔等。

按结构和造型可分为楼阁式塔、密檐塔、单层塔、喇嘛塔和其他特殊形制的塔。

以所纳藏的物品来区别，有舍利塔、

普陀山多宝塔

六和塔

发塔、爪塔、牙塔、衣塔、钵塔、真身塔、灰身塔、碎身塔、瓶塔、海会塔、三界万灵塔、一字一石塔。

以建筑材料来区别，则有砖塔、木塔、石塔、玉塔、沙塔、泥塔、土塔、铁塔、铜塔、金塔、银塔、水晶塔、玻璃塔、琉璃塔、宝塔、香塔。

就塔排列位置的样态来区别，有孤立式塔、对立式塔、排立式塔、方立式塔等。各种式样的塔中，造型最古老者为覆钵式塔。覆钵式塔由栏楯、基坛、塔身、覆钵、平头、轮竿、相轮、宝瓶等各部分组成。

中国古塔所使用的建筑材料大体可以分

古塔风情

浮屠西来 华夏生根

六和塔

桂林日月双塔

秦岭略佛塔

浮屠西来 华夏生根

古塔

为木、砖石、金属、琉璃等几种。木塔主要流行于东汉、魏晋与南北朝时期，是用汉民族传统的木结构方法建造成的。砖石塔是唐代以后兴起的，是用垒砌、发券、叠涩等方法建造而成的，中国现存的大部分古塔都属于这种建筑类型。宋代以后，人们有时候喜欢用雕模制范的方法来铸造金属塔。

（三）塔的结构

印度的窣堵波是由台基、覆钵、宝匣、相轮四部分组成的实心建筑。中国塔一般由地宫、塔基、塔身、塔顶和塔刹组成。地宫藏舍利，位于塔基正中地面以下。塔基包括基台和基座。塔刹在塔顶之上，通常由须弥座、仰莲、覆钵、相轮和宝珠组成；也有在相轮之上加宝盖、圆光、仰月和宝珠的塔刹。这些形制是由窣堵波演化而来的。

后来塔身逐渐变为多层造型，于公元3至4世纪，即有三层塔身出现，其后更有五层、七层、九层、十三层、十五层、十七层，乃至三十七层等重层结构。覆钵是向下的半球体，状如倒覆之钵。我国与其他东方诸国的坟墓，自古即呈小丘之状。后来，覆钵的半球形渐次增高，如鹿野苑的达密克塔，它的覆钵明显高耸起来。泰国、缅甸等地的覆钵形状却逐渐变高如炮弹的形状。而西藏等地的佛塔则与之相反，上方开阔，下端缩小，犹如球形。

在千姿百态的中国佛塔中，不论是密檐塔，还是楼阁塔、风水塔、文峰塔，细细观察的人总会发现，塔的层数皆为奇数，单层、三层、五层……十三层、十五层、十七层，偶数层的塔极罕见，连塔刹相轮也不例外。而塔的平面皆为偶数边形，如四角、六角、八角、十二角塔等，绝对没有奇数边的平面形式。除了构造上的原因外，其构思乃出于中国阴阳对立统一的宇宙观。数字有奇有偶，有阴有阳。天数奇数，为阳数，生数；地数

塔寺成为城市的一道风景线

偶数，为阴数，成数。天在上，是圆的，向高发展要用天奇数；地在下，是方的，平面展开要用地偶数，这是中国人对数的讲究。天覆地载，高天厚地，天地合一，"所以成变化而行鬼神"。总体来说，天地所代表的数的观念来自于中国文化源头之一的《易经》。

当然，佛教也有自己的解释：塔的四边，象征四圣谛；六边象征六道轮回；八边即是八相成道；十二边指十二因缘等等，而塔的奇数层在佛教中则表示清白与崇高，"七级浮屠"之说亦为常人所知。不管怎样，印度窣堵波在与中国楼阁的结合过程中，前者已被后者大大地同化了。

《易经》

六和塔

法门寺合十舍利塔

（四）塔与佛教

有关造塔的起源，可远溯至佛陀时代。根据记载，须达长者曾求取佛陀的头发等，以之起塔供养。佛陀圆寂之后，则有八国八分佛陀舍利，各自奉归起塔供养。我国历代所建的舍利塔极多。据记载，三国时，有僧人得舍利，孙权令人以铁槌击打而舍利不碎，因此建塔供养，这可能是中国建造舍利塔的开始。隋文帝之时，全国各地建舍利塔的风气极盛。公元 601 年—602 年，隋文帝共诏敕天下八十二寺立塔。其后，历代皆有修造舍利塔的活动。元代以后多数佛寺中只建佛殿而不建塔。佛塔的重要性逐渐下降，而被佛殿所取代。佛塔虽然是一种建筑物，但是佛教认为人们可借此积累功德。

1. 造塔的功德

《百缘经》中说："佛告阿难，昔迦叶佛入涅盘后，有迦翅王收其舍利，造四宝塔。时有长者，见竖塔枨，心生随喜，持一金钱，安着塔下，发愿而去。缘是功德，不堕恶道，天上人中，常有金钱，受福快乐，乃至今者，遭值于我，出家得道。" 另外《譬喻经》

西藏佛塔

六和塔

举出十种造塔之殊胜果报："不生于边国；不受贫困；不得愚痴邪见之身；可得十六大国之王位；寿命长远；可得金刚那罗延力；可得无比广大之福德；得蒙诸佛菩萨之慈悲；具足三明、六通、八解脱；得往生十方净土。"

2. 礼塔的功德

《僧只律》中说："若人于百千黄金布施别人，所获得的功德，不如一善心，恭敬礼佛塔的功德。"在《一切如来心秘密全身舍利宝箧印托罗尼经》中释迦牟尼说：如果众生能于此塔以一香、一花礼拜供养。即使是

佛像

浮屠西来 华夏生根

八十亿世劫中积累的生死重罪都能一时消灭，而且生时能避免灾殃，死时可投生到佛家。《缁门崇行录》云："邻，范氏子，母王氏，不信三宝，邻逃东都依广受寺庆修律师出家，忽思亲归宁，父失明，母已故三载。因诣岳庙敷坐具，诵法华，誓见岳帝，求母生处。其夜岳帝召谓曰：'汝母禁狱现受诸苦。邻悲泣请免！'帝曰：'可往鄮山礼育王塔，庶可救也！'邻即诣塔，哀泣礼拜，至于四万，俄闻有呼邻声，望空中见母谢曰：'承汝之力，得生忉利天矣。'倏然不见。"

(五)塔的人情

安阳文峰塔

王世仁在《塔的人情味》中指出，古

六和塔

016

印度的塔传到中国发生了两个变化：一个是塔中天地位置的变化，另一个是塔的人情化。

中国造塔的历史还是比较早的，《魏书释老志》："九宫塔制度犹依天竺旧状而重构之，从一级至三、五、七、九。"这里的"天竺旧状"指的就是印度的窣堵波，"重构之"即为相叠多层的木楼亭阁。那个时期佛塔的基本形式就是木楼亭阁顶上放置窣堵波，这是两种建筑文化的融合。和中国人一样，印度人也有天圆地方的观念，那半圆形的窣堵波就代表了佛教的宇宙观。中国人在接受佛教过程中，也接受了佛塔的功用，但是用中

西安大雁塔

浮屠西来 华夏生根

藏式纯金佛塔

国人自己的天地观进行了改革，印度窣堵波里在下面的"天"被高举到了上面，下面便以方形平面的楼阁来支撑，代表"地"，这是中国人"天圆地方"宇宙观的体现。

另外传到中国的佛教也受到儒家入世的伦理思想影响，佛也被赋予了人性色彩，佛所居住的塔也被打上世俗生活的烙印。循着这个思路，佛塔由原来埋藏佛骨的阴森地宫走上了地面，变成了"寺"。"所以在中国往往寺与塔建在一起，有塔便有寺。古老宫殿式的寺庙平面展开，既是供奉佛祖的神殿，又可居可游；而那孤高耸

六和塔

天的佛塔，以它巨大超人的空间体量，打破传统古典建筑平缓坦然的空间序列，既是佛陀'涅磐'神圣的象征，又成了风景胜地的标志。"很有意思的是，中国建的塔是窣堵波和亭台楼榭的结合，这不仅是建筑式样的变化，同时也反映了中国人对宗教的一种不纯粹的认识。英国思想家罗素、德国思想家康德都曾经批评过中国人宗教意识淡漠、缺乏宗教感情。而美国的宗教社会学家克里斯蒂安·乔基姆的概括更为明晰："中国人的确是不注重宗教教义的，他们很少认为信仰某种特定的宗教教义——拒斥其他的教义是一件生死攸关的大事……在中国，神与人之间似乎存在着某种契约型的东西，人对神的

多檐式古塔

浮屠西来 华夏生根

园林与古塔浑然一体

佛塔与佛教有着密切的联系

祈求通常都伴随着某种有恩必报的允诺。"窣堵波那种神秘宗教象征被塔刹以下楼阁所赋予的现实人生综合了。王世仁先生的结论是："中国的佛塔是'人'的建筑，而不是'神'的灵境。"

六和塔

二 众口悠悠 "六和" 四说

六和塔近景

六和塔又名六合塔，其名称由来，历来说法不一。据《杭州杂志》介绍，佛道儒三家及民间均有解释，其主旨都是为地方百姓消灾祈福，因此考证孰是孰非已经没有太大意义了，现把这几种说法列出来与大家共赏。

（一）佛教的"六和敬"之说

佛教典籍《本业璎珞经》中之"六和敬"曰：身和同住，口和无诤，意和同悦，戒和同修，见和同解，利和同均。"六和敬"其本意是"依存而止住"，一般谓依赖于有力、有德者之处而不离，亦称为依止。佛陀在世时有众多僧团跟随，即以"六和敬法"统摄这些跟随者，它以"和"为原则，从言、行、意、见、利、戒等六个方面规范僧众行为，"六和敬"后来成为佛教的所有寺院僧团所共同遵守的生活制度，其目的是使共同生活在一起的僧众能身业清净，和睦相处。

"身和同住"：要求僧团内的每一个人各自以和乐为怀，尊敬他人，相互之间没有轻慢之心，否则轻的领悟不到佛法真谛，重的死后可能"堕恶趣，生地狱中"。

"口和无诤"：佛教十恶业中，语业占其四，

湖畔美景

胡言乱语欺骗他人，最终是不利于修行的。

20 世纪中期，著名的藏学家更敦群培说过这样一句话："如果你赞同某一个观点，你会寻找到成千上万个论据支持它；如果你反对一个观点，你也同样可以找出成千上万个论据来佐证它。"《论语》中说："巧言令色，鲜矣仁。"意思相同，为个人胜负或利益而争辩，就会忘了自己追寻的大道，身心哪能安稳呢？

"意和同悦"：是要求做到精神和心理的清净，行为和认识一致，这也是儒家所讲的独乐乐不如与众乐之意。

"戒和同修"：戒就是寺庙中"规矩"，是所有僧人必须共同遵守的准则和行为规

接天莲叶

范。因此"戒和同修"就是在遵守共同的制度和规约的前提下，努力修行。

"见和同解"：见即是意见、见地或见解，所以"见和同解"就是要在思想上、观念上保持高度的统一。在认识事情的方法上，见解趋于一致就可以消弭争端，这也是"利和同均"的前提。

"利和同均"：利就是大家所获得的利益，包括"财利和法利"。不论是经济上的财利，或者是知识上、宗教实践上的佛法之利，必须要有共同分享的意识，否则，就会使寺院内部发生利害冲突，最终会影响到僧团的根本利益。

智觉禅师以佛教徒身份建造六和塔，当

六和塔内景

六和塔模型

六和塔

六和塔并非单纯的因佛教意义而建

然是希望六和的戒规能广为传播和接受，尤其是能为普通人所理解，起到感化世人、消弭争端的作用。自释迦牟尼始，历代高僧大德皆有普度众生的誓愿，六和塔的修建也是一例。但是和众多宝塔单纯为供奉或收藏佛舍利（佛骨）、佛像、佛经、僧人遗体而建的目的不同，它并非因为单纯的佛教意义而建。

据《咸淳临安志》卷八十二载："智觉禅师延寿始于钱氏南果园开山建塔，因地造寺，以镇江潮，塔高九级，五十余丈，内藏佛舍利。"可见六和塔建立之初有两个目的——镇伏江潮和收藏佛舍利。而前一个目的明显更重要一些。据说，六和塔建成之后，

六和塔坐落在杭州城南钱塘江边的月轮山上

江潮和缓了许多，不再像以前那样四处激荡，而是顺着江道平稳地流动了，深受潮患的百姓自此免了家园离破之苦。此外，六和塔还兼具灯塔的功能。钱塘江上，风急浪高，时常有事故发生。六和塔建成之后，巍峨耸立，远处即可望见，每当夜幕降临，江上往来船只，可凭塔顶明灯高照辨识行船方位、方向，在波涛汹涌之间多了一些保障。

(二)道教的"六合"之说

道教理解的六合即：天，地，东南西北四方，这代表了道教的宇宙空间观，世界万物就包含在一个"六合"的宇宙内，《庄

道教先祖太上老君像

六和塔近景

玉皇大帝像

子·齐物论》中就有"六合之处，圣人存而不论"的说法。以此方位为基础，道教发展出"六御"。南宋刘用光《无上黄箓大斋立成仪》对道教仙神排列了顺序：

玉清上帝、上清上帝、太清大帝、昊天至尊玉皇上帝、勾陈上宫天皇大帝、中天紫微北极大帝、东极太乙救苦天尊（即青华大帝）、南极长生大帝、后土皇地祇。

前三尊为"三清"，后六尊则构成了上（玉皇）、下（后土）、四方的"六合"布局。道教称之为"昊天六御宸尊"，加上"三清"，合为"九皇御号"。

六和，亦即六合，塔以此为名也是想借助六御的力量镇压各方妖魔。

(三)《晋书·五行志》的"六气和"之说

《晋书五行志》载："六气和则沴疾不生，盖寓修德祈年之意"。"沴"有多个意思，在这里是指（气）不和，沴疾是因气不和生的病，即瘟疫。

在古代有"五运六气"之说，简称"运气"。"五运"指木、火、土、金、水五个阶段的相互推移；"六气"指风、寒、暑、湿、燥、火，以三阴三阳来代表，结合地支，说明自然界的六种正常气候。"六气"代表一

《晋书》残片

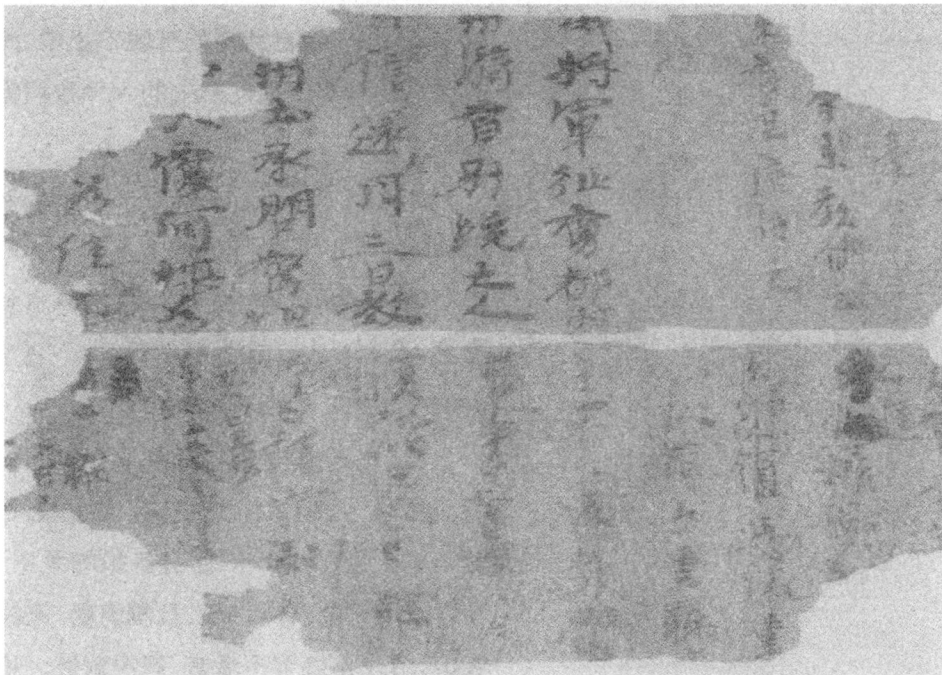

传说钱塘江里住了一位爱无故兴风作浪的龙王

年六个时节的气候特征,若六气表现太过,则自然界的气候不正常, 此时因六气异常表现而产生的六种致病因素,称"六淫"。

如果六气正常, 不仅不会有瘟疫等大的疫病蔓延, 而且风调雨顺、五谷兴旺、百姓也会安居乐业,所以说塔以六和为名,也含有为百姓祈福之意。

(四)六和镇江的传说

《杭州杂志·六和塔》中录有民间广为流传的"六和镇江"的故事, 说的是古时钱塘江里住着一位性情暴躁的龙王, 经常无缘无故兴风作浪, 打翻渔船, 淹没农田, 沿岸百姓苦不堪言, 怨声载道。见此情景,

从六和塔窗口远眺对岸城市

有个叫六和的孩子挺身而出，发誓要用石头填满钱塘江，不让龙王再为祸人间。六和扔了七七四十九天石头，终于降伏了龙王。后人为了纪念六和的壮举，就在月轮山上修建了一座宝塔，并以六和的名字作为塔名，这就是"六和塔"。

和许多民间故事一样，"六和镇江"的传说也反映了我们中华民族的精神和性格——勇敢、善良，但绝不畏惧强权，敢于为正义和真理献身，正是这种精神使我们的民族在危机时刻总能爆发出惊人的力量，这是值得我们永远继承和发扬的精神。

三　妙手偶得　浑然天成

六和塔景区游人如织

游塔需要某种"采菊东篱下"的心境，以便从喧嚣的都市中抽离出来，有许多哲人批评现代生活是绝对主客体对立的，我们生活在一种分裂的痛苦中，古代人尤其是东方人没有我们这种痛苦，他们与自然是亲切和谐的，我们日益感觉空洞的"天人合一"观念在他们那里是真实的境界或状态。但总有现代人能找得到那种心态，轻松地切入历史时空。李望苗在《六和塔闲话》中流露的心境是恰如其分的，

"你可以随便捡一个时刻拾级而上，就像现在这个夏日的傍晚，浓密的树荫替你遮蔽了夕阳的余热，你会觉得你是闲来无事才去拜访一段远古的往事，或是去赴一

登临古塔，要怀有"采菊东篱下"的心境

位高僧的晚餐。每每登高一级，你都会觉得你离北宋开宝三年的事情更近了一步。而你接近的，且不都是怀古。白云掠过典雅的上空，那是曾经亲切的时光。"

一份悠然、一份苍凉、一份渴盼，只有对历史有感觉的人才能体味六和塔的美和意境，时时刻刻活在当下的人，六和塔最多是不算漫长的生命中到过的一个地方，而对于前者它是追寻前尘往事的一扇门。

（一）古塔江南

杭州（古称钱唐、临安、武林），今浙

世界上最长的人工河——京杭
大运河

江省省会，全省政治、经济、科教和文化中心，是全国重点风景旅游城市和历史文化名城。杭州地处长江三角洲南翼，杭州湾西端，钱塘江下游，京杭大运河南端，是长江三角洲重要中心城市和中国东南部交通枢纽。

杭州有着江、河、湖、山交融的自然环境。全市丘陵山地占总面积的 65.6%，平原占 26.4%，江、河、湖、水库占 8%，世界上最长的人工运河——京杭大运河和以大涌潮闻名的钱塘江穿城而过。杭州西部、中部和南部属浙西中低山丘陵，东北部属浙北平原，江河纵横，湖泊密布，物产丰富。素有"鱼米之乡""丝绸之府"和"人间天堂"之美誉。

杭州属亚热带季风性气候，四季分明，温和湿润，光照充足，雨量充沛。全年平均气温 17.5℃，平均相对湿度 69.6%，年降水量 1139 毫米，年日照时数 1762 小时。杭州生物种类繁多，国家一级保护动物有 13 种，二级保护动物有 55 种，二级保护植物有 13 种。全市平均森林覆盖率为 62.8%。矿产资源有大中型的非金属和金属矿床。临安昌化出产一种世界罕见的鸡血石，为收藏石和图章石中的珍品。

有着两千多年悠久历史的杭州还是我国八大古都之一。

杭州西湖太子湾公园美景

公元前 222 年，秦初次置钱唐县、余杭县，同属会稽郡。南朝年间，先后置临江郡、钱唐郡。隋开皇年间首度改称杭州，并开建城垣。此后，隋炀帝开凿自京口（今江苏镇江）至杭州的江南运河，长 800 余里。杭州逐步成为水陆交通的要冲，具备了成为大都市的条件。唐代，为避讳改钱唐为钱塘。杭州刺史李泌和诗人白居易在城中凿井筑堤，疏浚西湖，使生活环境得到了改善，杭州人口迅速增加，逐渐成为东南名郡。

923 年，钱镠建立吴越国，定都杭州，杭州首次成为一个政权的首都。随着不断发展，杭州也成为全浙江及周边地区的政

京杭大运河航运

六和塔

治、经济中心。杭州的著名石塔（保俶塔、雷峰塔、白塔等）多建于这一时期。

北宋年间，置两浙路，杭州为路治所。北宋时期的杭州在科技方面也有长足发展。庆历年间，毕昇发明胶泥活字印刷术。《梦溪笔谈》的作者沈括也是当时杭州人物的代表。

南宋 150 多年间，是古代杭州发展的鼎盛阶段。1129 年宋高宗南渡后以建康府为行都，之后于 1138 年改越州为临安府，正式定临安为行都，此后杭州成为宋朝实际意义上的首都。杭州是南宋的政治、经济、文化中心。北方大量人口南迁入杭，使杭州成为

杭州西湖风景如画

当时世界上人口最多的城市。据《咸淳临安志》记载，当时临安府人口已达124万多人。北方移民中的文人学士和能工巧匠，促进了杭州经济和文化的发展。其中丝绸、造纸、印刷、陶瓷、造船业尤为发达。

南宋被元所灭，杭州遭战火摧残，临安府改名杭州路，是江浙行中书省的治所。元末，张士诚举兵攻占杭州，并改筑城墙，新开运河，奠定了此后数百年杭州城区的轮廓。1366年，朱元璋攻陷杭州。

明代，改杭州路为杭州府，为浙江行中书省和浙江布政使司的治所。清代，仍称杭州府，为浙江行省省会。19世纪60

六和塔

年代，杭州成为太平天国与清军反复争夺的战略要地，城市也受到了极大破坏，收藏《四库全书》的"文澜阁"也曾毁于战火。清光绪二十年（1894年），根据《马关条约》，杭州被辟为通商口岸，在拱宸桥地区设立通商场和日本租界。1911年11月5日，新军起义，俘获浙江巡抚，结束了杭州的封建时代。

许多到过杭州的文人都留下了美妙的诗篇，宋代大文豪苏东坡曾写道："天下西湖三十六，就中最好是杭州。"白居易也留下了"江南忆，最忆是杭州"的感慨。就连13世纪来华游历的意大利旅行家马可·波罗

杭州西湖曲院风荷

追古思远 往事如烟

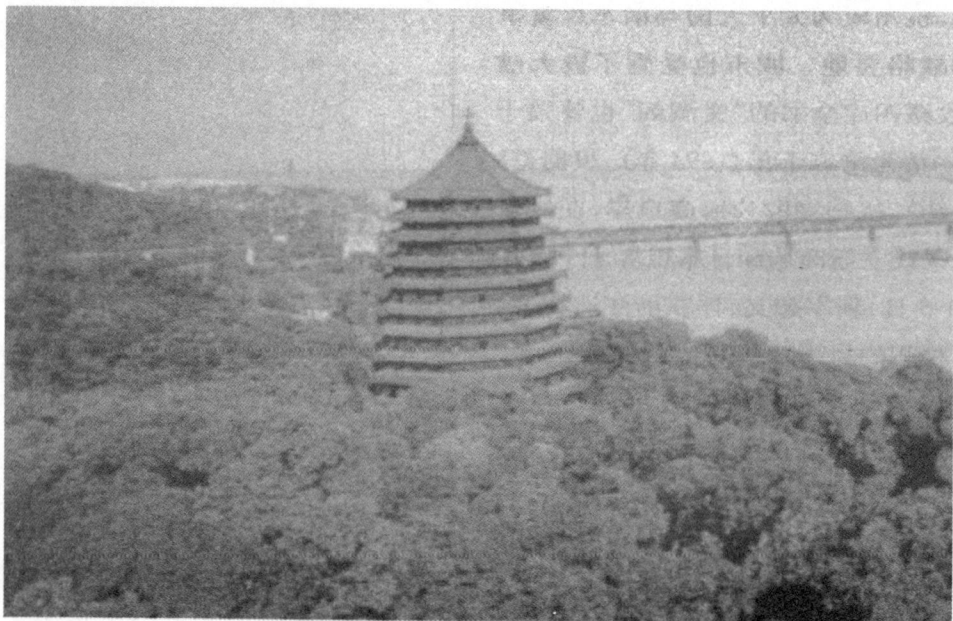

六和塔与钱塘江大桥

也曾由衷地称赞其为"世界上最美丽华贵之城"。

而六和塔就坐落在杭州城南钱塘江边月轮山上（钱塘江大桥西北侧），在西湖南侧，是杭州著名的旅游胜地。西湖边还有两座塔：雷峰塔和保俶塔。有人评价："雷峰如老衲，保俶如美人，六和如将军."三座塔风格各异，或古朴或妖媚或沉浑，相映成趣，是到西湖不可不看的景观。六和塔内有一联："俯瞩桑乾滚滚波涛萦似带，遥临恒岳苍苍岫嶂屹如屏."在六和塔上望去，俯眺两个视角，视野开阔，不写塔而胜似写塔，堪为六和塔雄浑之气的写照。

(二)内部结构

现存的六和塔，高 59.89 米，占地约 890 平方米，外形雍容大度，气宇不凡，为清光绪二十六年（1900 年）重新修建，现在的外形基本保持了清光绪以来的旧貌。塔基外表用条石砌筑，每边长约 13 米，据梁思成考证，塔基已经照原来的范围缩小了不少。有些阶条石上，还留有方形琢孔，排列规矩，可能原来立有望柱。塔身为砖砌，外檐为木结构，平面呈八角形。外檐共十三层，其中七层与塔身相连，另外六层为暗层，它们夹于其他七层之间，这就是所谓的"七明六暗"。塔身结构呈内外双槽形式，从外往里依次分为外墙、回廊、内墙和塔芯室四部分。每层塔芯室用斗栱承托天花藻井。藻井用两层菱角牙子叠砌而成，为了显出其华丽、深邃，斗栱的铺作增加，排列稠密，与转角铺作同为五铺作双杪单栱计心造，且有连珠斗形式。部分塔芯室内施各式彩绘，不过已不是宋代原貌，而是近人增饰。每层的塔墙都十分厚实，以底层为例，外墙厚达 4.12 米。这种结构既有利于支撑塔身，也使六和塔整体看上去更显坚实、劲节。塔墙须弥座上的壁龛内，之前应有各种佛像，现在都已经散轶不见了，

六和塔

六和塔塔顶为八角攒尖顶

非常可惜。塔芯内墙四面辟门，游客可由此直达外部木檐廊，极目远眺，蓦然感到古人赞六和塔之句——"孤塔凌霄汉，天风面面来。江光秋练净，岚色晓屏开"，说得极为真切。

塔顶为八角攒尖顶，上置葫芦形塔刹，冠踞全塔。这件塔刹，为元代遗物，全由生铁铸成，高达3.55米，最大直径约为3米。整件塔刹分成五级，刹座圆形，之上两层覆盆，覆盆之上宝珠，宝珠之上为葫芦，顶部刹杆呈"巾"字形，形制古朴，铸造精细，其上有元元统二年（1334年）的小楷铭文，内容大致是求福祈瑞之意。可以

六和塔外围塔檐是晚清时修建的

想见，在当时的工程技术条件下，要将这重达数吨的塔刹安放到近 60 米高的塔顶上稳居一方，需要付出的人力物力是难以想象的，同时让到此游览的游客不得不心生感叹。

六和塔现有的外围塔檐，是晚清时重新建造的，却淡化了清代建筑的繁缛、绮丽，檐体不加任何雕饰，装饰性构件除风铎外，一概从简，建筑手法极为明了、简洁，与塔身整体风格十分和谐。塔檐层层支出，宽度由下逐层向上递减，檐上明亮，檐下阴暗，塔檐与塔身之间的阴影处理适度、合理，远远望去，整座塔显得层次分明、轮廓生动，给人深刻的印象。塔檐外角，总共悬挂有

104 只风铎，每当劲风吹刮之时，它们就会叮当作响，宛如天外飞来的阵阵仙乐。

六和塔内，最具建筑科研和艺术审美价值的，是须弥座束腰上的宋代砖雕，共174组，所取题材极广，人物、花卉、飞禽、走兽以及回纹、云纹、团花等各种图案无不显露其中，这些砖雕不仅形象生动、技法高超，而且式样也与宋代建筑经典《营造法式》所载"彩画作制作图样"如出一辙，是极为难得的实物资料。塔内还保留着不少文物，在六和塔底层回廊东南侧有杭州仅存的一块南宋尚书省牒碑，对于研究六和塔塔史以及宋代官方发文形式等均极具参考、佐证作用，具有很高的历史文物价值。

六和塔内的精美雕刻

六和塔

六和塔开化寺纪碑

六和塔底层西南、西北、东北、东南内墙壁龛上嵌有南宋《金刚经》刻石四块，由南宋贾昌朝、富弼等三十二位名士达官分别书写。六和塔底层北面甬道内壶门壁龛上有明线刻真武像，为明代作品。碑中刻画之真武像，笔力遒劲，线条婉转，形象生动，为同类刻像中之精品。

六和塔的第三层，布置有六和塔历史文化陈列，由三部分组成。第一部分，介绍六和塔历史及文物遗存；第二部分，介绍建国后六和塔的维修情况；第三部分，展示与六和塔有关的书画作品。丰富的图文和照片、

六和塔自古就是杭州城的重要标志

拓片资料，让游客在饱览美景之余，又能享受传统历史文化的熏陶。此外，塔内还恢复了一些古代的匾额，如清乾隆帝为六和塔每层题的字：初地坚固，二谛俱融、三明净域、四天宝纲、五云扶盖、六鳌负载、七宝庄严。现在分别由沈定庵等现代书法家书写。

六和塔

六和塔内的台阶

　　除了题字之外，自命文采风流的乾隆爷还留下了数首游六和塔的诗，第一首是《登六和塔作诗》："我游西湖率三日，乐矣虑非凛无逸。会稽南望举精烟，宣命明当发清跸。穿塔镇江久所闻，到此不登孤良因，振衣拾级陡其顶，耳饫天籁衣湿云。海眼龙宫寂寥锁，江边雁堵香花妥。之字长流写向东，月峰朝霭揽于左。壮观至是真空前，那更息心安四禅。杜甫添忧我添喜，境移所遇理则然。"

"之字长流写向东，月峰朝霭揽于左"。描摹六和塔的地理形势十分贴切，六和塔位于月轮峰上，钱塘江蜿蜒曲折，走势像个"之"字，乾隆曾把六和塔比作"之"字的一点儿，就是这一点儿镇住了江潮。

（三）六和观潮

白居易当年留下三首《忆江南》，其二即是忆杭州：

"江南忆，最忆是杭州。山寺月中寻桂子，郡亭枕上看潮头。何日更重游？"

站在塔上，钱塘江、大桥美景尽收眼底

六和塔

钱塘江大潮吸引了大批游客驻足观看

　　"山寺月中寻桂子，郡亭枕上看潮头"
两句分别说的是"月下桂子"和"六和观潮"
的景观，月中桂子只是传说，而钱塘潮奇观
确实是存在的。之所以会形成"涛翻三月
雪，浪喷四时花，泄练驰千万，惊雷走万车"
的壮丽景观与钱塘江临海之处的地理位置有
关。

　　由于钱塘江临海一段呈喇叭形，河口极
宽绰，相邻河身则骤然变窄，海口至海宁盐
官一带江面宽度从20公里一下缩为3公里。
因而每当月圆之时，特别是月亮引力最大的
农历八月十八，潮水至海口涌入江内，受骤
然变窄的江岸挤压，来不及均匀上升，只能

窗外美景如画

后浪推前浪，产生巨大的潮头。杭州市郊以及沿江凤凰诸山皆为观潮胜地。可以想见，白居易在凤凰山右侧刺史衙门里的虚白亭（即郡亭）鸟瞰江面，涌潮尽收眼底是何等的惬意。

如果是潮势较胜的年份，观潮地点并不太重要，反之则有必要慎重选择观潮地点，六和塔就是观赏钱塘江秋潮的最佳地点之一。现存钱塘江观潮最早的文字记载是晋代顾凯之的《观潮赋》，历经唐宋，出现了大量的观潮诗词歌赋。其中比较有名的是《四时幽赏录》所载的明代高濂作《六和塔夜玩风潮》，高氏不随众人作昼观，而是独辟蹊径，写夜间的江潮汹涌之景，倒是别有一番滋味在心头。

"浙江潮汛，人多从八月昼观，鲜有知夜观者。余昔焚修寺中，燃点塔灯，夜午，月色横空，江波静寂，悠悠逝水，吞吐蟾光，自是一段奇景。顷焉，风色陡寒，海门潮起，月影银涛，光摇喷雪，云移玉岸，浪卷轰雷，白练风扬，奔飞曲折，势若山岳声腾，使人毛骨欲竖。古云'十万军声半夜潮'，信哉！过眼惊心，因忆当年浪游，身共水天飘泊，随潮逐浪，不知几作泛泛中人。

远眺开阔的江面

此际沉吟，始觉利名误我不浅。遥见浪中数点浮沤，是皆南北去来舟楫。悲夫！二字搬弄人间千古，曾无英雄打破，尽为名利之梦，沉酣风波，自不容人唤醒。"

早在南宋时，六和塔就是观赏钱江秋潮的最佳地点之一，近年来，这一带的潮势明显又趋壮阔。登古塔，观大潮，成了月轮山的新游赏内容。

（四）六和钟声

佛寺的钟多是晨暮各敲一次，每次紧敲18下，慢敲18下，不紧不慢再敲18下，如此反复两遍，共108下。这108下是有讲究的：一说是一年有十二月、二十四节气、七十二候（五天为一候），合为108，象征一年轮回，天长地久；另一说是，人有108种烦恼，钟鸣108响，以尽除人间烦恼。

由上可知，敲钟对僧众有重要意义，一口佛钟上曾铸有如下铭文："钟声闻，烦恼轻，智慧长，菩提生，离地狱，出火炕，愿成佛，度众生。"钟声原本是为了帮助教徒的修行，但是六和塔的钟已经被赋予了更多涵义。

绕过六和泉、穿过存有乾隆《登开化寺六和塔记》御碑的六和碑亭，来到塔后的一处幽静小亭，迎面可见正中悬着一口巨型铜钟，远处即能望见钟体上两个金色的大字"六和"，钟身上还铸着由著名学者毛昭晰先生撰并书的《六和钟铭》："铄铜为钟，悬诸

六合钟声

追古思远 往事如烟

六和塔夕照

六和塔

秦望，格于上下，光于四方……伟哉中华，仁威远扬，千秋万世，地久天长。"与智觉、智昙等人初衷一样，钟铭里也包含着为国民为祈福的深切祝愿，这也可以看作一种传承吧。

六和钟声作为一个景观，建于1996年10月，之后商业气息渐渐浓厚，新年第一声钟声现在已经采取拍卖的形式，价值不菲，非普通人所能染指。想想"六和敬"的本义：利和同均，不免有一点儿讽刺的意味，时代在发展，曾经超然出尘的六和钟声现在也人为地沾染了世俗的气息。

风吹铃动

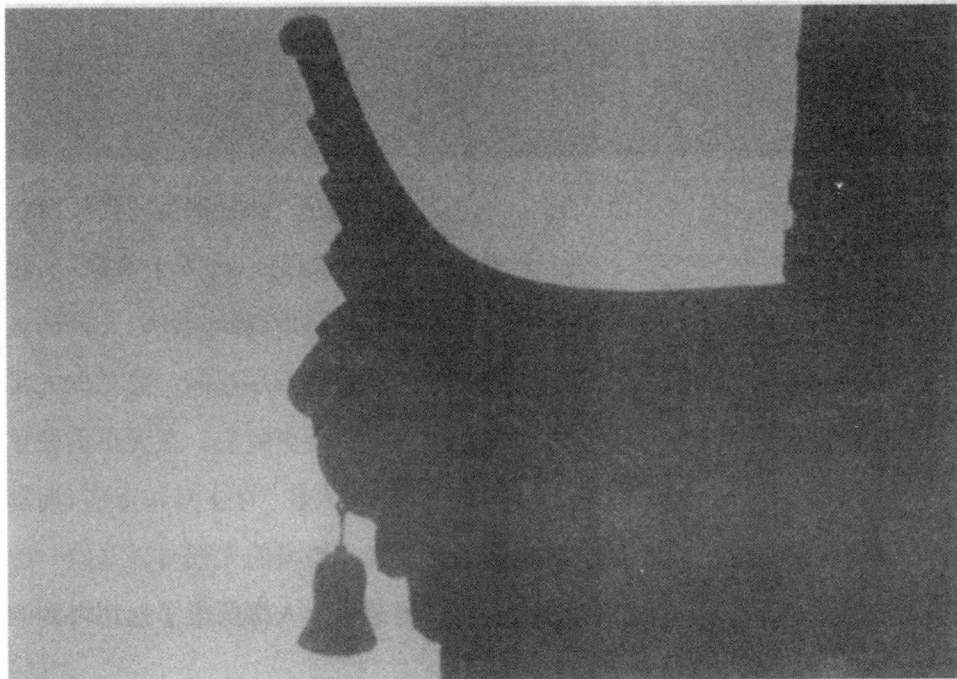

追古思远 往事如烟

月轮山

　　当钟声响起，"扶摇回旋，震荡飞散，俯压江涛，高遏行云，阵阵余音缭绕，经久不息"，驻足塔下，静心聆听，不同的人对钟声的感受也不尽相同，易感的人可以用钟声贯穿历史时空，在无尽的想象里品味"物是人非"的苍凉和感伤，而那些带着喜悦心情来的人则可以觅到一份祝福，但是每个人都获得了他想得到的东西。

四
追古思远 往事如烟

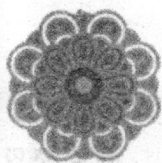

杭州宋城夜色

晚唐诗人杜牧有名句："南朝四百八十寺，多少楼台烟雨中。""四百八十"当然不是确指，极言其多而已；"烟雨"二字描绘的也不仅仅是一种视觉效果，现实的风雨和历史的风雨那一刻在杜牧心中必已模糊一片，说不尽的历史苍茫不仅感动了他自己，也感动了一个个沉浸在那种历史意境中的人。六和古塔的兴衰亦如是，随由风雨、也随由历史。

（一）六和塔的兴衰

六和塔历史悠久，初建于北宋开宝四年（971年），至今已有一千余年。初时，六和塔的位置是吴越钱王的南果园，吴越王钱弘俶为镇压江潮，命延寿、赞宁二禅师建九级高塔。

永明延寿，吴越忠懿王赐号智觉，后清雍正又谥其号为妙圆正修智觉禅师，后世尊为净土宗六祖，是杭州历史上非常重要的人物。自幼聪颖，心地善良，戒杀放生。曾为余杭库吏，因挪用库银购买鱼鳖等动物放生而被判死罪，赴刑途中面不改色，自言："吾为活数万生命而死，死又何憾！"吴越王钱穆知其并未私用一文，同时也佩服他的胆识，于是特赦免刑释放。

有诗赞叹他的行为："视诸众生皆是佛，只顾救生忘国宪。赴市心乐颜不变，蒙教得遂出家愿。"被特赦后，智觉禅师曾去天台山跟随法眼宗二祖德韶学教参禅，洞悉教理，深入禅定。据传入定90日，有鸟在他的衣服上筑巢。因其佛理精湛，威望日著，吴越忠懿王钱弘俶邀请他到杭州主持重修灵隐寺，灵隐寺得以振兴。

宋开宝四年，奉昭在月轮上督造六和塔，此事在《咸淳临安志》卷八十二有记载："智觉禅师延寿始于钱氏南果园开山建塔，因地造寺，以镇江潮，塔高九级，五十余丈，内藏佛舍利。"六和塔不仅有镇潮的作用，而且由于这里是吴越出海要道，高塔突起，夜

杭州灵隐寺

晚悬挂明灯可为江上船只指引航向，夜行人自此安全了许多。

宋徽宗宣和三年（1121年），方腊起义，杭州作为兵家必争之地，六和塔也未能幸免，在战火中几乎片瓦无存，塔院损毁殆尽。到了南宋绍兴二十二年（1152年），高宗赵构因见钱塘江潮对沿岸百姓生活侵扰过甚，便命有关官员预算费用，决定重建六和塔。后由礼部官员依旨兴工，临安府转运司协办。绍兴二十六年，智昙来主持工程，愿"以身任其劳，不以丝毫出于官"。"舍衣钵，募净财"，前后历时十余年，至隆兴元年（1163年）仲春，新塔五层告成，

西湖美景

六和塔

岁末七层塔全部完工。塔规模照原先略小，但是建筑质量却更胜一筹，在浙江佛塔中规制、造型和功能都堪称首屈一指。

同时，亦建成寺院百间，隆兴二年（1164年）赐额"慈恩开化教寺"，因六和塔和月轮山之故，又称六和寺或月轮寺。首任住持即是重建六和塔的功臣智昙。该寺的建筑反映了中国早期寺庙中的风格，即先有塔，后有寺，寺之建筑以塔为中心而建，而不是像后期寺庙建筑那样，以塔为附属物。如今寺虽已不存，但从残余的建筑还可窥见当时格局之一斑。

元朝元统间（1333-1335年），六和塔因

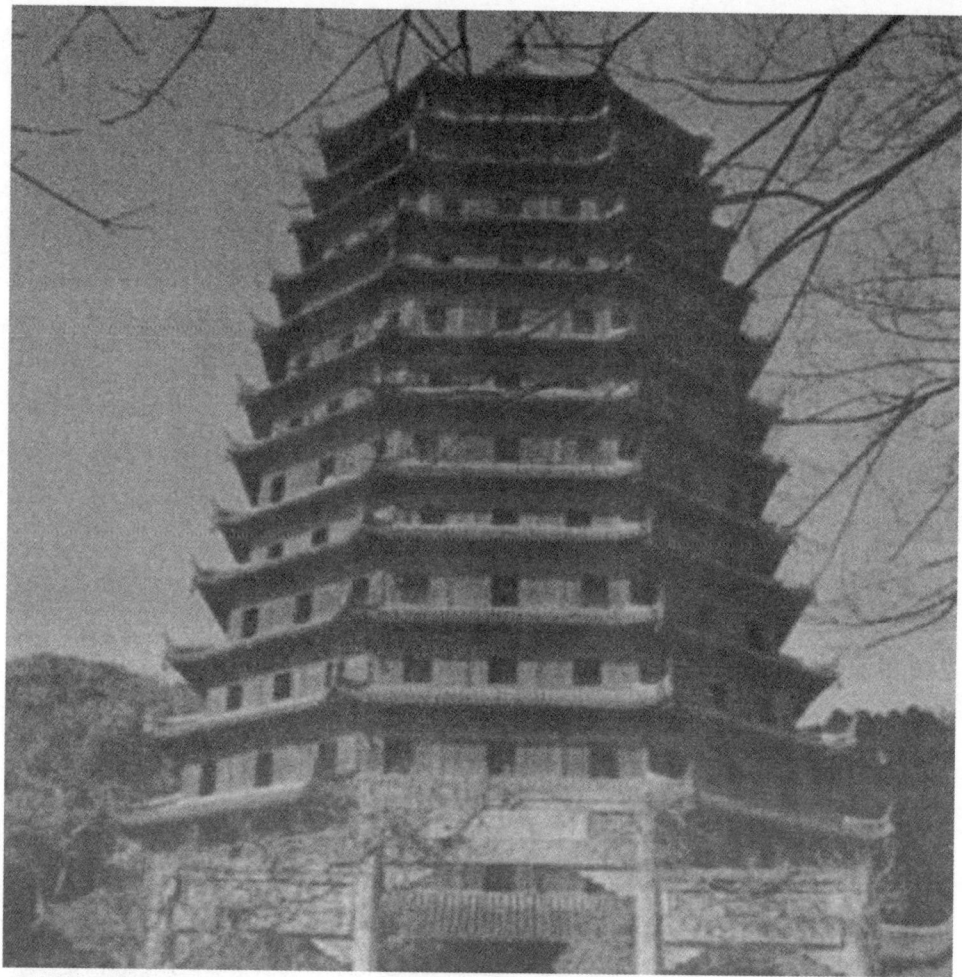

六和塔几经战乱，曾几乎被毁

岁月剥蚀而作修缮。明嘉靖十二年（1533年），倭寇入侵杭州，烽火连绵，硝烟四起，六和寺与六和塔再次毁于战火。明人郎瑛的《七修类稿》中记有"今光砖巍然，四围损败，中木燋痕尚存，唯内可盘旋而上也"的文字，可见，那时六和塔的木结构外檐已完全烧毁，只余砖构塔身。令人庆幸的是，明万历年间又有一位高僧挺身而出，他就是佛门净土宗的袾宏（莲池大师），在他的主持下，又开始大规模重修六和塔，塔的顶层和塔刹加以重建，还调换了塔身部分中心木柱下面的磉石构件。

清朝雍正十三年（1735年），因六和塔与两岸民生关系密切，下诏特拨库银，命浙江巡抚李卫再作大规模修整，前后历时两年才竣工。

清乾隆十六年（1751年），高宗弘历南巡到杭州，两次专游六和塔，亲自在塔前牌坊上题写了"净宇江天"四字。并为七层塔依次题字立匾，名曰：初地坚固、二谛俱融、

乾隆曾两次专游六和塔，并亲笔题字"净宇江天"

三明净域、四天宝纲、五云覆盖、六鳌负载、七宝庄严。六和塔、六和寺原本就久享盛名，加上不断修缮，各项设施较之前代更加完备，尤其是乾隆游塔产生的名人效应，使六和寺一时间香火鼎盛，终日游人不断，可以说是六和塔历史上又一中兴时期。

清朝道光、咸丰年间，六和塔又因天灾人祸而日渐破损，外部木结构部位甚至败落无存，衰败持续了将近五十年。直到光绪二十五年（1899 年），杭州人朱智（敏生）在残存的砖结构塔身之外，重新构筑了十三层木结构外檐廊。其中偶数六层封

六和塔模型

六和塔

闭，奇数七层分别与塔身相通，塔芯里面，则以螺旋式阶梯从底层盘旋直达顶层，全塔形成七明六暗的格局。朱智重修六和塔，以木工为主，难度高，进展慢，工程尚未结束，便一病不起，但仍对六和塔念念不忘。浙江巡抚刘树堂曾于光绪二十五年向清廷呈递了朱智《遗折》，折称："嗣因钱塘县境内，濒江石塘，坍塌已甚，并六和塔年久失修。臣目击情形，工程紧要，自愿分年措资，独力修建。呈请前任抚臣廖寿丰奏明在案；二十一年十一月，蒙恩颁到御书匾额一方。……今年入春以来，旧恙增剧，料不久于人世。……臣子早经即世，臣孙应鹏，尚

六和塔有十三层木结构外檐廊

追古思远 往事如烟

六和塔景区

在孩提。现在塘塔工程，幸已及半，惟有遗属、家属，悉心经理……早竣全功，了微臣未竟之志。"

这是佛教徒之外另一个对六和塔有大功的人，非是为名为利，只为造福乡里，一片丹心，日月可鉴，杭州人至今对他十分怀念，便是因为他当年修六和塔的善举。

1961年3月4日，国务院公布六和塔为全国重点文物保护单位。在此前后，六和塔又经过多次维修，其中规模较大的有三次。第一次在1953年，当时塔顶屋面漏水严重，修缮时对塔内原有的古式彩绘全部更新，同时调换了底层木柱，代以砖柱，并于1957年在塔顶安装避雷针。第二次在1971年，解决了木结构霉烂、白蚁危害等问题，并加设铁栏杆，将部分木窗台板改为钢筋混凝土结构。第三次也是规模最大的一次是在1986年，针对六和塔木架构出现不同程度残损等现象，在进行全面勘察之后，清华大学建筑学院专家组按照《威尼斯宪章》精神，以加固、维护为主，确定了维修方案。1991年5月，维修工程进入实施阶段，工程主要是调整塔顶屋面坡度，加固地栿钢结构，同时更换各层屋面

六和塔有近千年的历史

全部屋瓦一万余张。是年十二月竣工，工时344 天，耗资 198.8 万元。

六和塔差不多有一千多年的历史，屡次维修或重建，塔身却依然基本维持原状，分寸未移，原因何在？秘密就在塔基上。据实地勘察，六和塔不是直接筑造于基岩，而是坐落在密实的板块状基础之上，据推测，很可能是由蛋青或浓糯米粥作为胶结物，粘合

六和塔下绿树成荫，环境优雅

碎石、卵石而形成的，故而塔身的重量，能够均匀分布在板块状持力层上，改点状受力或环状受力为面状受力，分散了受压强度，保持了长时间的相对稳定。六和塔的基础依山势而建，向东南方略有倾斜，倾角约五度，这使得六和塔可以抵御杭州地区常常会从东南方向刮来的台风以及频

六和塔

繁的江潮侵袭。从材料选用到设计无不体现出古代设计者的匠心独运，也可以说是古代人民的一个创举。

古塔巍巍，数度毁于战火和风雨侵袭，但又有那么多的人前后相继，不为名利，只为苍生计，呕心沥血，终于将古塔风貌保留下来，想想那些在漫长岁月里因为各种原因化为尘埃的各式建筑，今天我们还能看到六和塔，不知是一件多么幸运的事。

（二）六和塔的传说

1. 月轮寻桂

月轮山，南濒钱塘江，海拔 153 米，

与古塔隔江相望的现代城市

古塔、大桥、滔滔江水，如此美景令人心旷神怡

由泥盆系石英砂岩构成。《杭州府志》卷二十一："以其形圆如月，故名。"千年古塔六和塔就矗立在山腰上，山东南有钱塘江大桥。站在山顶，向南远眺，江风习习，古塔、大桥和滔滔江水尽收眼底，使人心旷神怡。六和塔与钱塘江大桥这对一古一今，一横一竖，风格完全不同，照理应该是很不和谐的搭配，却在这里完美无缺地与周边的自然环境融合在了一起，不由让人感叹造物的神奇。

杭州花卉以桂花为冠，现在更是升格为市花。它的香气浓郁，优雅怡人，金秋时节桂花开放时，杭州满城弥漫着桂花香，人的思绪也随着香气变得轻灵起来。月轮

六和塔

寻桂更是中国古代许多到过杭州的文人墨客欣然神往的雅事，至今在杭州灵隐寺内还留有唐人宋之问的题诗《灵隐寺》，其中有一句："桂子月中落，天香云外飘。"桂子就是桂花，"月中落"说的是我国民间流传甚广的一个故事——吴刚伐桂。

相传，汉朝的吴刚因为学道过程中犯了天条，被罚往月宫砍桂树，树高五百丈，砍倒树即可解除惩罚，但每砍完一斧，桂树就自动长合。吴刚穷尽无数日月仍然无法逃脱惩罚，只是每年八月中秋才能稍事休息，与人间共度团圆佳节。据说，他在这一天会撼

杭州花卉以桂花为冠

追古思远 往事如烟

动种在月宫中的桂花树，让金黄色的桂子从天而落，于是便有了宋之问的"天香云外飘"。

从某种意义上讲，他所受的惩罚和古希腊神话里的西绪福斯一样，后者也是因为冒犯了神而被罚，他要将一块大石推上陡峭的高山，每次他用尽全力，大石快要到顶时，石头就会从其手中滑脱，然后再下山去推，周而复始永无止境。这两个故事能在多若繁星的中西方神话中流传不衰，其实就是因为说出了深刻的人生处境：最可怕的惩罚莫过于即无用又无望的劳动。

明代田汝成所编辑的《西湖游览志》

八月桂花飘香时

六和塔

桂花从六和塔飘落，恍若置身仙境

也记载了一件与桂子有关的轶事："宋时，张君房为钱塘令，夜宿月轮山，寺僧报曰：'桂子下塔'。遽起望之，纷如烟雾，回旋成穗，散坠如牵牛子，黄白相间，咀之无味。"这里的塔就是六和塔。如果放开我们的想象力，脑海中会浮现那样一幅清冷如幻境的画面：月色皎洁，月轮山清辉一片，"回旋成穗，散坠如牵牛子"的桂花从六和塔上飘落下来，恍若置身仙境，令人产生无尽的遐想。

2. 钱王射潮

钱王即钱镠（852—932 年），字巨美，浙江临安人。公元 893 年为唐镇海节度使，

钱塘江大潮

五代时被封为吴越国国王。在民间传说中钱王被传成体恤民情，同时又充满霸气、不畏鬼神的人物。

钱塘江水潮高浪大，两岸难以修堤坝，有谚云"黄河日修一斗金，钱江日修一斗银"，可见其害。钱王治理杭州的时候，开始也修不好江堤，手下报告说，有潮神作对所以修不好大堤，请钱王放弃修堤的打算。钱王大怒，决定自己降伏他，于是八月十八潮神生日这一天，命令一万名弓箭手在江边排开阵势射潮。据说这一天潮头最高，水势更是排山倒海凶猛无比；而且潮神会在这一天骑着白马跑在潮头上面的，钱王想在这时候杀杀潮神的威风。

八月十八这天，钱王早早来到事先搭好的观潮台察看动静，但是选好的一万名弓箭手却不能及时到位，手下报告说：途中经过一座宝石山，山路狭窄，只能容一人穿行，所以违了军令。钱王大怒，骑马赶到宝石山一看，果然如此，他见山南有条裂缝，于是两只脚踩在山的裂缝处，用力一蹬，竟然把山给蹬开了，中间出现了一条宽宽的道路，从此，这个地方就叫"蹬开岭"。

弓箭手迅速穿过山路，来到江边列开阵势，钱江沿岸的百姓，受尽了潮水灾害，如今听说钱王射潮神，都争着观战助威，几十里长的江岸，黑压压地挤满了人。钱王叫人拿来了笔墨，写了两句诗：

"为报潮神并水府，钱塘且借与钱城。"

并警告潮神如不听劝告，就要采取行动。可是潮神并没有理睬钱王的告诫，在岸边远远地可以望见一条白线，翻滚而来，愈来愈快，愈来愈猛，近岸时，就如同乱石穿空，直向观潮台冲来。钱王一见，喝令："放箭！"

只见万箭齐发，直射潮头。连续射出了三万支箭，竟逼得那潮头不敢向岸边冲击过来。钱王又下令："追射！"那潮头只好弯弯曲曲地向西南逸去，最后消失得无影无踪

雄伟壮观的钱江潮

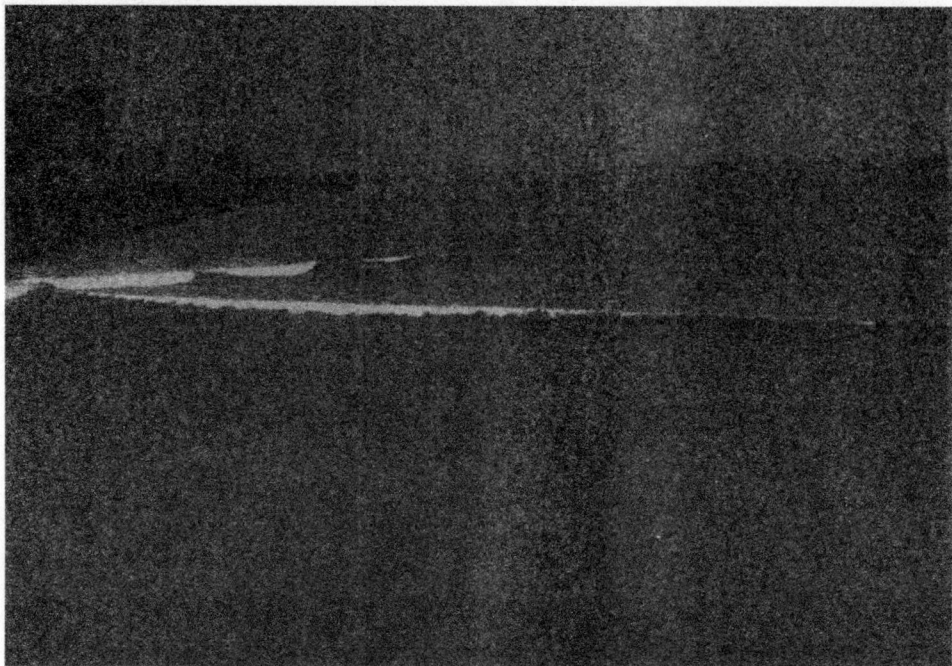

钱塘江潮水

了。因此，直到今天，潮水一到六和塔边就快没有了；而在六和塔前面，江水弯弯曲曲地向前流去，像个"之"字，因此人们又叫这个地方为"之江"。

这就是"钱王射潮"的故事，在历史上有该事件的原型。钱王即钱镠，后梁开平四年（910年），钱镠调军民数十万在沿江北岸，从六和塔到艮山门大规模兴修水利，并采用立幌柱、打竹笼等方法降服汹涌的潮水，筑起了一道长 338593 丈的石塘，彻底根治了杭州城的潮患，"钱王射潮"的传说即由此而来。

钱王射潮雕像

历史上的钱王，不仅治理过潮水，在保境安民的其他方面也颇有建树，是一位有雄才大略的政治家、军事家、外交家和书法家，堪称"吴越文化的创立者"。

钱镠清醒而冷静，掌权之初就确立了"善事中国，保境安民"的基本国策。据说，钱王的父亲钱宽拒不接见衣锦还乡的钱王，理由是"吾家世代田渔为事，未曾有贵达如此，至今为十三州主，三面受敌，与人争利，恐祸及吾家"。这种居安思危的顾虑可能对钱王制定国策产生了重要影响。钱王在位期

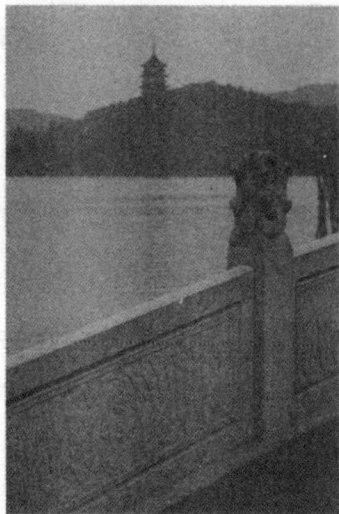
雷峰塔远眺

间一直致力于桑麻水利，使境内出现了"青巷摘桑喧姹女"的热闹景象，这在战火纷飞的五代是比较罕见的。尤值一提的是，公元907年，扩建牙城时，有术士向钱王献策，如在旧基扩建，国祚只有百年，如填西湖更建，可以延长十倍，钱王则从百姓角度否定了这个建议，西湖无水则民不聊生，哪能有千年国运呢？后来又大力疏浚西湖，历史上有"留得西湖翠浪翻"之句赞扬他的决策。

佛学兴盛更是吴越文化发展的一个突出标志，据《咸淳临安志》统计，吴越都会杭州有寺院150多所，素有"江南佛国"之称，临安的功臣塔，杭州的灵隐寺，余杭大涤山的天柱观，杭州的六和塔、雷峰塔、保俶塔等都是吴越时修建的。灵隐寺的弥陀石佛、摩崖石刻和石塔、凤凰山的梵天经幢等吴越时期文物一直保存至今。

（三）六和塔的轶事

1. 鲁智深坐化六和寺

《水浒传》第一百十九回"鲁智深浙江坐化 宋公明衣锦还乡"，对鲁智深和武松的结局都有交待，后者因为断臂之故不愿受封而在六和寺出家，前者则更有传奇

灵隐寺建筑飞檐

追古思远 往事如烟

《水浒传》人物像

色彩，一个从来不曾吃斋念佛的和尚却在六和寺直接坐化了。

宋江率梁山好汉生擒了方腊后，进京途中屯兵六和塔，众人在六和寺安歇，夜半潮信涌来，声如战鼓，鲁智深是关西汉子，不知浙江潮信，以为贼人杀来，便要打出去。后来被僧人劝住才知是闹了个误会。但是却突然记起师傅的一番话："逢夏而擒，遇腊而执，听潮而圆，见信而寂。""逢夏而擒"便是在万松林活捉了夏侯成；"遇腊而执"，指生擒方腊；潮信二字则应了"听潮而圆，见信而寂"。当下并不迟疑，问明圆寂之意，随即坐化了，宋江等人均不及见一面。只留下一篇颂子："平生不修善果，只爱杀人放火。忽地顿开金绳，这里扯断玉锁。咦！钱塘江上潮信来，今日方知是我。"

《水浒传》这样一部阐释儒家价值观的名著，其中的重要人物却以佛教的方式觉悟，给人一种颇为有趣的联想。

《水浒传》人物像

鲁智深像
《水浒传》人物像

中国儒家志向是"立言、立功"，说穿了就是不能平平淡淡地活着，要在历史上留个名，最好能在《史记》那样的史书中占个"传"什么的。鲁智深也好，武松也罢，在民间知名度如此之高，也算实现了儒家的理想吧。不过，"子不语：怪、力、乱、神"，一句话就给日后的儒家确定了基调，所以儒家始终缺少彼岸的关怀，在了生死一途上，总需向外寻一些东西。一个只爱杀人放火、快意恩仇的假和尚却以圆寂而终，颇有"放下屠刀，立地成佛"的意味，不知写到此处，施耐庵是否也有几分无奈。

实际上，在并不出名的《水浒后传》里也有一段故事和六和塔有关。李俊、柴

六和塔下的雕塑

进等人救了宋高宗而到杭州等封赏，这期间，昔日啸聚山林、东讨西杀的一批好汉齐聚集杭州旧地重游，去拜访了尚在六和塔的武松，并一齐拜祭了鲁智深骨塔，还在林冲墓上奠了酒，在墓门松树下，遥想林冲当年在中牟县杀高俅的事情，大家唏嘘不已。后来诸位好汉又进了涌金门，拜祭了被敕封金华将军

六和塔石碑

的浪里白条张顺。出了钱塘门，回到昭庆寓中，把五百银子与六和塔住持领去，作修缮塔资用。

这段故事也许没有多少人知道，却表达了人们对那群义气深重的英雄的深切不舍与怀念，六和塔专门辟出一个"六和典故壁"的景观也正是圆了人们的这样一个梦。

2. 智昙复塔

智昙是六和塔第二代建设者，宣和三年（1121年）方腊起义，战火烧至六和塔，巍巍古塔毁于一旦。绍兴壬申二十二年（1152年），高宗赵构因见钱塘江潮"捣堤坏屋，侵毁良田，为患甚烈"，于是准备拨库银重建六和塔。但是僧人智昙却愿"以身任其劳，不以丝毫出于官"。他不但自己捐资捐物，还不辞辛苦四方化缘，精诚所至，金石为开，当地官吏、富户和众多善男信女为智昙所感动，皆鼎力相助，前后历时十余年，至隆兴元年（1163年）末全部完工。这次重建的六和塔共有七层，规模上虽然比不上塔初建之时，但精整、坚固则超过旧构，在浙江佛塔中规制、造型和功能都堪称首屈一指。

同时，塔院亦告建成，隆兴二年（1164年）赐额"慈恩开化教寺"，因该寺依塔而建，故又名六和寺，因位于月轮山，亦称月轮寺。第一任住持即是重建六和塔的功臣智昙，为纪念他的义举，现在碑亭边修有他的铜像一座。

3. 乾隆御碑

清乾隆十六年（1751年），高宗弘历南巡到杭州，两次专游六和塔，对钱塘江、月轮山一带的山河风光激赏不已，发出了"壮观至是真空前，那更息心安四禅"的感叹。兴之所至，还在塔前牌坊上题写了"净宇江天"四字；又取佛学寓意，在六和塔一到七

掩映在树丛中的六和塔

层上各赏赐御书四字匾额，而且一至五层还各有佛、道偶像供奉。乾隆的题额，第一层为"初地坚固"，前供地藏菩萨塑像，后置明万历刻北极真武像；二层是"二谛俱融"，供东海龙王像；三层写作"三明净域"，供弥陀、观音、势至像；四层书题"四天宝纲"，供鲁智深像——这是根据《水浒传》中武艺高强的鲁智深圆寂之地就在六和塔的传说，后人因而还为之在此塑像；五层题的是"五云扶盖"，供观世音像；六层四字为"六鳌负载"，七层留题了"七宝庄严"。其中，明线刻真武

六和塔一层乾隆题额"初地坚固"

六和塔

像至今犹存，其余所供奉的佛道偶像都已毁损无存。

　　其中的内容因与塔之层数巧妙嵌合，品读起来饶有趣味。

　　除了与塔相映成辉流传极广的匾额外，乾隆还赋写诗章数篇，并撰写一篇《登开化寺六和塔记》，刻成石碑，碑高 4.35 米，宽 1.5 米，是杭州现存最完整的清乾隆的手书碑刻之一。

　　乾隆以帝王身份六下江南，风流韵事以外，还留下不少御制诗，但是大浪淘沙，能被人记住的却几乎没有，金庸在《书剑恩仇录》一书中作了个长注，引用日本学者稻叶君山《清朝全史》的记载："乾隆御制诗至十余万首，所作之多，为陆放翁所不及。常

六和塔内景

夸其博雅，每一诗成，使儒臣解释，不能即答者，许其归家涉猎。往往有翻阅万卷而不得其解者，帝乃举其出处，以为笑乐。"十万之数或许有些夸张，但总能说明诗作确实很多，不过少有精品，也在历史上留下一个笑柄。唐代的张若虚仅传作品两首，就有一篇是家喻户晓的《春江花月夜》，闻一多说他"孤篇横绝，竟为大家"，两相对比，多少给我们一些做人做事的启示吧。

4、六合同春

新中国成立后出任最高人民法院院长的沈钧儒曾赋二绝：

"人生何处是仙乡，佳偶良朋一举觞。到此应无凡鸟想，湖山有福住鸳鸯。"

"塔影潮声共证盟，英雄儿女此时情。愿书片语为君祝，山样同坚海洋深。"

这两首诗是他 1936 年 4 月 26 日为六和塔下举行婚礼的六位明星作的即兴祝词，沈钧儒作为当时上海滩知名大律师、上海法科大学教务处长，被请去作证婚人。

这三对红极一时的明星分别是：赵丹和叶露茜，唐纳和蓝苹，顾而已和杜小娟（明洁）。作为当时进步的青年演员，沈钧儒十分欣赏他（她）们，在婚礼上也送出了真诚的祝福。

在六和塔下举行了婚礼，其寓意是年长的唐纳想出来的：六和，六合也；六和塔下，六合同春也。虽然有"六合同春"的美好祝愿，

六和塔内景

关于六和塔流传许多故事

但是世事变幻，六人后来均有婚变，有人重新解读这段轰动一时的雅事，戏称其为：六和塔，六不和。

围绕着六和塔发生了多少故事已不可确考，往事如烟，对错是非似乎已不重要，恰如泰戈尔笔下的那只没有在天空留下痕迹的鸟，却在观者心里留下了无法磨灭的印迹。

六和塔

五 古风新韵 现代六和

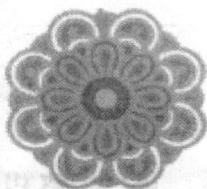

六合塔历经千年风雨，数次倒而重建，历代都有人不计名利来维护，它的存在意义已经远远超出了一般的塔，作为一个符号，它的身上寄托了人们向往一个升平乐世的理想。在古代，乱治循环，动不动刀兵四起的社会，这也仅仅是一个理想而已，然而今天，在一个新社会里，它终于变成了现实。古老的六和塔仿佛重现了青春一般，时时向喜爱它的人们奉献着惊喜。

（一）六和塔的发掘

1. 珍稀壁画重见天日

2003 年 8 月一次例行维修保护中，刷墙工人偶然发现了尘封于六和塔内的珍稀

六和塔内的壁画

六和塔

壁画，之前关于六和塔的所有维修、档案、甚至历史记载中，都没有提到过塔内有类似的彩色壁画。

据公开报道，杭州钱江管理处文物科已在六和塔内揭开约 41 平方米的 21 处珍稀壁画，分别位于塔的第 3、5、9、11 层的回廊甬道壁龛。据估计，塔内的壁画面积达 140 平方米。杭州市园林文物局钱江管理处文物科科长张慧琴根据上面的绘画风格和游客题记，初步断定年代是在明末到民国初年。根据国家文物局的意见，管理处对已揭开的壁画进行了清洁、修补、加固、表面护封等初步保护措施。

六和塔彩色壁画

2007 年 4 月 16 日，一直秘藏不露的彩色壁画露出真容，不过考虑到维护方面的原因，此次见面只对媒体开放了 10 分钟。手拿长柄蒲扇，酷似八仙过海中的汉钟离；身穿红袍，衣袂飘飘的仙女；身着盔甲战袍，怒目圆睁的天兵天将。人物表情动作惟妙惟肖，令观者大饱眼福。

无缘近距离观看的游人，只能通过六和塔内上演的壁画真人秀来弥补遗憾了。八仙中的何仙姑和吕洞宾联手打败东海龙王，穿着和舞蹈动作都十分飘逸的女子表演的"六

如今的六和塔多了一道围墙

和飞天"等等，也稍微让人解除了一点儿遗憾。

2. "按典索骥"找回围墙

现在的六和塔多了一道围墙，这道围墙可是大有来历，它是根据记载乾隆下江南经历的《南巡盛典》第七册中的六和塔平面图建起来的。杭州历史学会常务理事丁云川就收藏有这个史料，在第一百零四卷"浙江名胜"的条目下，有黑白线描的六合塔平面图。塔正南有一个三门石牌坊，四周有圈方形围墙，顶端盖小青瓦。图下注解云："六和塔，宋开宝三年，僧智觉于龙山月轮峰开山建塔，以镇江潮，名六和塔，并创塔院为开化寺。"可见实有其事，

杭州西湖断桥

六和塔景区一景

六合塔四周建围墙就是要恢复乾隆时期的原貌。

那么乾隆为什么对六和塔情有独钟，每下江南都要登临呢？《南巡盛典》对此有记载："乾隆十六年，圣驾南巡，厪念海塘，特幸寺中，亲登塔顶，悉江流之曲折……海若不惊，圣情悦豫，爰亲洒，辰翰为文，以纪盛事焉。"

原来乾隆并不仅仅为六和景致所吸引，而是担心沿江堤坝能否挡住钱塘江潮水，于是亲自登塔查看，发现江潮平稳，水波不兴，才真正放下心来。处江湖之远亦要忧民，可能正是这份忧民的情怀才成就了中国历史上少有的盛世吧！不过站在六和

乾隆南巡，视察钱塘江潮是否存在隐患

六和塔

中华古塔博览苑

塔塔顶，龙颜大悦的乾隆不会想到，数百年
后杭州人凭借记录他行为的《南巡盛典》，
把已经消失的六和塔老围墙找了回来。

（二）六和塔的新建筑

1. 古塔博览苑

20世纪90年代在六和塔近旁新建"中
华古塔博览苑"，将中国各地著名的塔缩微
雕刻，集中展示了中国古代建筑文化的成就。
这是以六和塔为依托进行的延伸性探索。

中国古塔博览苑1993年春建成，占地
百余亩，就在月轮山脚下，可作游六和塔后

中华古塔博览苑中的塔微缩雕刻

的余兴。苑内仿建中华名塔100多座，它们的外观多按原塔十分之一比例制作，也有为原塔的八分之一、六分之一或二分之一的。造塔材料大多采用与原塔所用相同材质的砖、石、木等构建，其目的是力求真实。塔苑择建的各地古塔，都具有很高的价值和代表性。为了让游人在有限的时间和空间内全面了解我国塔的全貌，六和塔苑几乎囊括了中国古塔的各种不同形式，常见的楼阁式塔、密檐式塔、覆钵式塔，以及较少见的金刚宝座塔、花塔、过街塔等，在这里都可以见到。这些塔的仿真程度高，并且是在一个有限空间里同时展现的，便

六和塔

于观者比较、鉴别和研究。因此，这里仿造的塔虽然不能登临凭眺，真实地提供身临其境的快意，却可在建筑、绘画、工艺、风俗研究等多方面给人以教益和启发。有人称这里是"一塔引得百塔来，百塔映出万般奇"，此言不谬也。

另外，塔苑内的微缩塔，其布局也别具一格，总体思路就是顺乎自然，不改变外在环境，而是因地制宜顺势而为，却受到了意想不到的效果：那些精致的小塔，在山林环境的衬托之下，显得苍老古朴，仿佛有了一种凝重的历史沉淀感。而塔苑的游步道也颇

杭州西湖白堤樱花一景

杭州西湖樱花

具特色，它回环往复，曲折蜿蜒，往往使人产生"山穷水复疑无路，柳暗花明又一村"的感觉，充分显示出中国造园艺术的特色。另外，散布于塔苑的几个园林建筑小品，也颇为引人注目，它们造型、用材各异，或竹亭、或石亭、或草亭，无不巧妙地与周边环境和谐融合在一起。小坐亭中，近可以观塔，远可以望江，机缘凑巧的话，还可以听潮、听钟，别有一番情趣任人品味、流连。

2. 龚佳育墓

龚佳育墓位于六和塔畔牌楼里，是西湖风景区乃至杭州不可多得的保存较为完整的清代士大夫墓葬实迹，墓区面积约

六和塔

960 平方米，墓道长 62.7 米，依山势砌筑成七个台基。墓前方的华表、牌坊、碑亭、石羊、石马、石虎、石翁仲均保存完好，1997 年 8 月被列为省级文物保护单位。

龚佳育（1622—1685），字祖锡，晚又字介岑，世为杭州人。曾任山东按察金事、江南布政使司布政使、太常寺卿、光禄寺卿等职。龚佳育为官期间清廉正直，不谓权势，奉公守职，勤政爱民，神道碑中称其"所至有异绩"，深受百姓爱戴。龚佳育还是清初著名的藏书家，吴晗《江浙藏书家史略》称其"藏书至数万卷"。2002 年西湖风景名胜

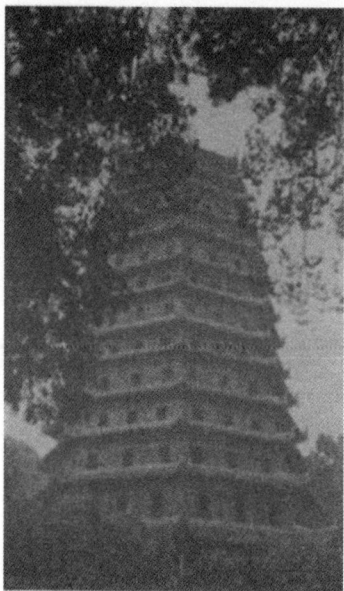

六和塔有着深厚的历史和文化底蕴

区开始实施龚佳育墓保护工程，2004 年竣工。在整修墓道、拆迁住户的基础上，工程充分利用山石、水体、植物等载体，结合山林清泉等组景，保留部分民国老建筑，塑造和体现自然和人文景观。使龚佳育墓与六和塔景区串联成片，成为濒临钱塘江畔的西湖风景区重要景点。

（三）六和塔的品牌效应

作为风景名胜，六和塔最被人关注的可能就是旅游功能，实际上它深厚的历史和文化底蕴，早已引起各个领域的注意，它的价值也转化成某种符号，被人们以各种方式利用着。

1.20 元"万寿山"与"六和塔"票券之争

在现代史上，六和塔还有一场鲜为人知的票券之争。

中国人民银行从 2000 年 10 月 16 日起在全国发行第五套人民币 20 元券。这种 20 元新钞，是新中国建国后在大陆发行的第一枚面值为 20 元的新纸币。但是在建国前夕中国人民银行于 1949 年发行的第一套人民币中有 7 种不同图案不同颜色的 20 元纸币，一运肥票券；二推车票券；三工厂

第一套人民币 20 元上有六和塔的图案

火车票券；四帆船火车票券；五是六和塔（或万寿山）紫红色版、六和塔（或万寿山）蓝色版；六是打场蓝色版、打场黑色版。

带有六合塔标志的票券分别是 1949 年 7 月和 1949 年 10 月发行的，前者图案为：正面是六和塔、牛群，背面花符；颜色正面浅蓝，背面墨绿。后者图案为：正面是六和塔、牛群，背面花符；颜色正面紫红，背面黑灰。

就是这套人民币中 20 元券的塔和牛群，有"六和塔"和"万寿山"命名之争。

多数人民币图鉴书籍持"万寿山"观点：新华出版社 1988 年出版的《中国历代货币》、中国金融出版社 1988 年出版的《人民币图

第一套人民币万寿山版 20 元票样

册》、中国大百科全书出版社 1993 年出版的《中华人民共和国货币图录》、中国金融出版社 2000 年 4 月出版的《中华人民共和国人民币管理条例学习辅导读本》等，均称 1949 年版 20 元带有塔和牛群的票券为"万寿山"。

不过，民间有收藏家通过对收藏的钱币实物进行比较后，发现这组票券（第一套人民币 20 元第 3、第 4 版别）上的图案很可能是杭州的"六和塔"。他的理由如下：

首先，把这组票券的图案再与第一套人民币 100 元万寿山票券、200 元佛香阁票券进行比较，就会发现它们的主景是完全

六和塔

不同造型的图案; 万寿山中心主景为佛香阁,
其前面的排云殿、后面的智慧海均可看到。
佛香阁是一座八面三层、高 41 米的宗教建
筑, 而六和塔则座落在钱塘江畔月轮峰上,
前后无大建筑, 为八面九层, 塔高 59.89 米。
二者无论从造型、高度上看, 还是从周围参
照物上看, 都有明显区别。

其次, 我们把这组票券的图案与国民
党中央银行德纳罗印钞公司 1942 年发行的
2000 元法币券背面图案比较, 可以肯定, 二
者也为同一图案。而湖南出版社 1993 年出
版张志超编著的《民国中央银行法币图鉴》
一书的 27 页, 明确表明此券图案为"六和

第一套人民币 100 元中的万寿山图案

杭州复兴大桥

塔"。

2. 杭州城标之争

2007 年 5 月 15 日开始，杭州抛出 20 万元重奖面向全球公开征集杭州的识别符号，城标作为城市品牌的形象代表，被要求在设计中体现"生活品质之城"

六和塔

的理念：既要体现杭州的"精致和谐、大气开放"城市人文精神，也要体现"让我们生活得更好"的实用内核。另外两个评价标准是：品味品牌与特色文化相结合；美观特色与实际应用成效相结合。

现在杭州城标比赛早已尘埃落地，一个由汉字"杭"的篆书演变而来的标志将代表杭州，诠释城市魅力。但是参赛的2号作品仍然给人们留下了深刻印象，它的灵感来源就是六和塔。利用杭州的拼音字母，巧妙地组合成六和塔的形象，是2号城标作品的创意点。

西湖景观

古风新韵 现代六和

杭州拱宸桥

六和塔是古建筑，要体现"大气开放"的现代人文精神颇有难度，设计者想到了把杭州的英文名字进行合理变体，形成了线条化的六和塔。这样就把历史的内涵和现代精神巧妙地融合到一起。

设计者自己介绍说，选用屹立于钱塘江畔的六和塔作为题材，正昭示着杭州正

六和塔

杭州岳飞庙岳飞塑像

荷花园

古风新韵 现代六和

在从西湖时代向钱塘江时代过渡的趋势，体现了传统的杭州正在越来越多地融入国际化的元素，开阔的钱塘江、大气的六和塔，未来的杭州将以更加开放的态度迎接八方来客。而且，六和恰如其分地体现了和谐涵义，与构建社会主义和谐

社会的主题不谋而合。在这里，我们又一次感受到"六和"名字的魅力，"一擎现在的铃，历史和未来都遥相呼应"，让那铃儿响起的不正是我们一直追求的美好期盼吗？

六和塔的厚重、它的传奇、为天下苍生计的寓意以及历经千百年风雨屹立不倒的执著，不知让多少文人墨客牵肠挂肚，

六和塔的神秘和厚重都留给后世去品读

六和塔

诗兴逸飞，给后世留下传诵千古的佳句。许是一种移情的作用吧，和六和塔有关的诗词或多或少带有一点儿了悟人生的禅意。宋赵师侠写有《鹊桥仙·归舟过六和塔》：

风波平地，尘埃扑面，总是争名竞利。悟时不必苦贪图，但言任、流行坎止。

忽来忽去，何荣何辱，天也知人深意。一帆送过桐江，喜跳出、琉璃井里。

词牌题目明明白白告诉我们，赵师侠没有登塔，只是在船上远远望了一眼而已，感慨却如此之深，必是那"六和"的名字使他想起了"六和敬"了吧。佛教讲空，名利荣辱都是明心见性的障碍，放下了即得解脱。

俯瞰六和塔

"喜跳出、琉璃井里"，寥寥数字，解脱后的洒脱溢于言表。

六和塔矗立在那里，跨越了千年的时空，默默诠释着"物是人非"的感伤，不禁让人心生疑问：如果它也有感情，应该在白云苍狗的变换中憔悴不已还是大彻大悟了呢？

六和塔